MY KID'S QUOTES

✳ ✳ ✳ ✳ ✳

A COLLECTION OF

WISE WORDS

SILLY SENTENCES

PLAIN SIGHT PUBLISHING
AN IMPRINT OF CEDAR FORT, INC.
SPRINGVILLE, UTAH

ISBN 13: 978-1-4621-1375-0

Published by Plain Sight Publishing, an imprint of Cedar Fort, Inc.
2373 W. 700 S., Springville, UT 84663
Distributed by Cedar Fort, Inc., www.cedarfort.com

Cover and page design by Jeanne Spear, Whitney Spear, and Angela D. Olsen
Cover design © 2013 by Cedar Fort, Inc.

Printed in the United States of America

10 9 8 7 6 5 4 3 2

abcde)(e a f a r t be

bee wet to

NAME:

DATE: / /

AGE:

WHERE WE WERE:

NAME: DATE: /   /

AGE: WHERE WE WERE:

_____

_____

_____

_____

_____

_____

_____

NAME: DATE: /   /

AGE: WHERE WE WERE:

_____

_____

_____

_____

_____

_____

_____

NAME:

DATE: / /

AGE:

WHERE WE WERE:

NAME:

DATE: / /

AGE:

WHERE WE WERE:

NAME:

DATE: / /

AGE:

WHERE WE WERE:

NAME:
DATE: / /
AGE:
WHERE WE WERE:

NAME:
DATE: / /
AGE:
WHERE WE WERE:

NAME:
DATE: / /
AGE:
WHERE WE WERE:

NAME: DATE: /   /

AGE: WHERE WE WERE:

_____

_____

_____

_____

_____

_____

_____

NAME: DATE: /   /

AGE: WHERE WE WERE:

_____

_____

_____

_____

_____

_____

_____

NAME:

DATE: / /

AGE:

WHERE WE WERE:

NAME: _____ DATE: ____ / ____ / ____

AGE: ____ WHERE WE WERE: _____

_____
_____
_____
_____
_____
_____
_____
_____

NAME: _____ DATE: ____ / ____ / ____

AGE: ____ WHERE WE WERE: _____

_____
_____
_____
_____
_____
_____
_____
_____

NAME:

DATE: /   /

AGE:

WHERE WE WERE:

NAME:

DATE: /   /

AGE:

WHERE WE WERE:

NAME:

DATE: /   /

AGE:

WHERE WE WERE:

_____

_____

_____

_____

_____

_____

_____

_____

_____

_____

_____

_____

_____

_____

_____

NAME:

DATE: / /

AGE:

WHERE WE WERE:

NAME:

DATE: / /

AGE:

WHERE WE WERE:

NAME:

DATE: / /

AGE:

WHERE WE WERE:

NAME:

DATE: /   /

AGE:

WHERE WE WERE:

NAME: _____ DATE: ___ / ___ / ___

AGE: ___ WHERE WE WERE: _____

_____

_____

_____

_____

_____

_____

_____

NAME: _____ DATE: ___ / ___ / ___

AGE: ___ WHERE WE WERE: _____

_____

_____

_____

_____

_____

_____

_____

NAME:

DATE: _____ / _____ / _____

AGE:

WHERE WE WERE:

NAME:

DATE: _____ / _____ / _____

AGE:

WHERE WE WERE:

NAME:

DATE: _____ / _____ / _____

AGE:

WHERE WE WERE:

NAME:
DATE: / /
AGE:
WHERE WE WERE:

NAME:
DATE: / /
AGE:
WHERE WE WERE:

NAME:
DATE: / /
AGE:
WHERE WE WERE:

NAME: _____ DATE: ___/___/___

AGE: ___ WHERE WE WERE: _____

_____

_____

_____

_____

_____

_____

_____

NAME: _____ DATE: ___/___/___

AGE: ___ WHERE WE WERE: _____

_____

_____

_____

_____

_____

_____

_____

NAME:

DATE: / /

AGE:

WHERE WE WERE:

_____
_____
_____
_____
_____
_____
_____

_____
_____
_____
_____
_____
_____

NAME:

DATE: / /

AGE:

WHERE WE WERE:

NAME:

DATE: / /

AGE:

WHERE WE WERE:

NAME:

DATE: / /

AGE:

WHERE WE WERE:

NAME:
DATE: / /
AGE:
WHERE WE WERE:

NAME:
DATE: / /
AGE:
WHERE WE WERE:

NAME:
DATE: / /
AGE:
WHERE WE WERE:

NAME:

DATE: / /

AGE:

WHERE WE WERE:

NAME: DATE: /   /

AGE: WHERE WE WERE:

_____

_____

_____

_____

_____

_____

_____

NAME: DATE: /   /

AGE: WHERE WE WERE:

_____

_____

_____

_____

_____

_____

_____

NAME:

DATE: / /

AGE:

WHERE WE WERE:

NAME:

DATE: / /

AGE:

WHERE WE WERE:

NAME:

DATE: / /

AGE:

WHERE WE WERE:

NAME: DATE: / /

AGE: WHERE WE WERE:

_____

_____

_____

_____

_____

_____

_____

NAME: DATE: / /

AGE: WHERE WE WERE:

_____

_____

_____

_____

_____

_____

_____

NAME:

DATE: / /

AGE:

WHERE WE WERE:

NAME:

DATE: / /

AGE:

WHERE WE WERE:

NAME:

DATE: / /

AGE:

WHERE WE WERE:

NAME:

DATE: / /

AGE:

WHERE WE WERE:

NAME:

DATE: / /

AGE:

WHERE WE WERE:

NAME:

DATE: / /

AGE:

WHERE WE WERE:

NAME:

DATE: / /

AGE:

WHERE WE WERE:

NAME: _____ DATE: ___ / ___ / ___
AGE: ___ WHERE WE WERE: _____

_____
_____
_____
_____
_____
_____

_____
_____
_____
_____
_____
_____

NAME: _____ DATE: ___ / ___ / ___
AGE: ___ WHERE WE WERE: _____

NAME:

DATE: / /

AGE:

WHERE WE WERE:

NAME: DATE: / /

AGE: WHERE WE WERE:

_____

_____

_____

_____

_____

_____

_____

NAME: DATE: / /

AGE: WHERE WE WERE:

_____

_____

_____

_____

_____

_____

_____

NAME:
DATE: / /
AGE:
WHERE WE WERE:

NAME:
DATE: / /
AGE:
WHERE WE WERE:

NAME:
DATE: / /
AGE:
WHERE WE WERE:

NAME:
DATE: / /
AGE:
WHERE WE WERE:

NAME:
DATE: / /
AGE:
WHERE WE WERE:

NAME:
DATE: / /
AGE:
WHERE WE WERE:

NAME: DATE: /   /

AGE: WHERE WE WERE:

_____

_____

_____

_____

_____

_____

_____

NAME: DATE: /   /

AGE: WHERE WE WERE:

_____

_____

_____

_____

_____

_____

_____

NAME:

DATE: / /

AGE:

WHERE WE WERE:

NAME:

DATE: ___ / ___ / ___

AGE:

WHERE WE WERE:

NAME:

DATE: ___ / ___ / ___

AGE:

WHERE WE WERE:

NAME:

DATE: ___ / ___ / ___

AGE:

WHERE WE WERE:

_____
_____
_____
_____
_____
_____
_____

_____
_____
_____
_____
_____
_____

NAME:

DATE: /   /

AGE:

WHERE WE WERE:

NAME: _____ DATE: ____ / ____ / ____

AGE: ____ WHERE WE WERE: _____

_____

_____

_____

_____

_____

_____

_____

NAME: _____ DATE: ____ / ____ / ____

AGE: ____ WHERE WE WERE: _____

_____

_____

_____

_____

_____

_____

_____

NAME:

DATE: / /

AGE:

WHERE WE WERE:

NAME:

DATE: / /

AGE:

WHERE WE WERE:

NAME:

DATE: / /

AGE:

WHERE WE WERE:

NAME: DATE: /   /

AGE: WHERE WE WERE:

_____

_____

_____

_____

_____

_____

_____

NAME: DATE: /   /

AGE: WHERE WE WERE:

_____

_____

_____

_____

_____

_____

_____

NAME:

DATE: / /

AGE:

WHERE WE WERE:

_____

_____

_____

_____

_____

_____

_____

_____

_____

_____

_____

_____

_____

NAME:
DATE: /   /
AGE:
WHERE WE WERE:

NAME:
DATE: /   /
AGE:
WHERE WE WERE:

NAME:
DATE: /   /
AGE:
WHERE WE WERE:

NAME:

DATE: /   /

AGE:

WHERE WE WERE:

NAME: DATE: /   /

AGE: WHERE WE WERE:

_____

_____

_____

_____

_____

_____

_____

_____

NAME: DATE: /   /

AGE: WHERE WE WERE:

_____

_____

_____

_____

_____

_____

_____

_____

NAME:

DATE: / /

AGE:

WHERE WE WERE:

NAME:

DATE: / /

AGE:

WHERE WE WERE:

NAME:

DATE: / /

AGE:

WHERE WE WERE:

NAME:
DATE: / /
AGE:
WHERE WE WERE:

NAME:
DATE: / /
AGE:
WHERE WE WERE:

NAME:
DATE: / /
AGE:
WHERE WE WERE:

NAME:

DATE: / /

AGE:

WHERE WE WERE:

NAME:

DATE: / /

AGE:

WHERE WE WERE:

NAME:

DATE: / /

AGE:

WHERE WE WERE:

NAME: _____ DATE: _____ / _____ / _____

AGE: _____ WHERE WE WERE: _____

_____

_____

_____

_____

_____

_____

_____

NAME: _____ DATE: _____ / _____ / _____

AGE: _____ WHERE WE WERE: _____

_____

_____

_____

_____

_____

_____

_____

NAME:

DATE: / /

AGE:

WHERE WE WERE:

_____

_____

_____

_____

_____

_____

_____

_____

_____

_____

NAME: DATE: /   /

AGE: WHERE WE WERE:

_____

_____

_____

_____

_____

_____

_____

NAME: DATE: /   /

AGE: WHERE WE WERE:

_____

_____

_____

_____

_____

_____

_____

NAME:
DATE: /   /
AGE:
WHERE WE WERE:

NAME: DATE: /   /

AGE: WHERE WE WERE:

_____

_____

_____

_____

_____

_____

_____

NAME: DATE: /   /

AGE: WHERE WE WERE:

_____

_____

_____

_____

_____

_____

_____

NAME:

DATE: / /

AGE:

WHERE WE WERE:

NAME:

DATE: / /

AGE:

WHERE WE WERE:

NAME:

DATE: / /

AGE:

WHERE WE WERE:

NAME:

DATE: / /

AGE:

WHERE WE WERE:

NAME:

DATE: / /

AGE:

WHERE WE WERE:

NAME:

DATE: / /

AGE:

WHERE WE WERE:

NAME: DATE: /   /

AGE: WHERE WE WERE:

_____

_____

_____

_____

_____

_____

_____

NAME: DATE: /   /

AGE: WHERE WE WERE:

_____

_____

_____

_____

_____

_____

_____

NAME:
DATE: /   /
AGE:
WHERE WE WERE:

NAME: DATE: /   /

AGE: WHERE WE WERE:

NAME: DATE: /   /

AGE: WHERE WE WERE:

NAME:

DATE: / /

AGE:

WHERE WE WERE:

NAME:

DATE: / /

AGE:

WHERE WE WERE:

NAME:

DATE: / /

AGE:

WHERE WE WERE:

NAME:

DATE: / /

AGE:

WHERE WE WERE:

NAME: _____ DATE: _____ / _____ / _____

AGE: _____ WHERE WE WERE: _____

_____

_____

_____

_____

_____

_____

_____

NAME: _____ DATE: _____ / _____ / _____

AGE: _____ WHERE WE WERE: _____

_____

_____

_____

_____

_____

_____

_____

NAME:

DATE: / /

AGE:

WHERE WE WERE:

NAME:

DATE: / /

AGE:

WHERE WE WERE:

NAME:

DATE: / /

AGE:

WHERE WE WERE:

NAME:

DATE: / /

AGE:

WHERE WE WERE:

NAME:

DATE: / /

AGE:

WHERE WE WERE:

NAME:

DATE: / /

AGE:

WHERE WE WERE:

NAME: _____ DATE: ___ / ___ / ___

AGE: ___ WHERE WE WERE: _____

_____

_____

_____

_____

_____

_____

_____

NAME: _____ DATE: ___ / ___ / ___

AGE: ___ WHERE WE WERE: _____

_____

_____

_____

_____

_____

_____

_____

NAME:

DATE: / /

AGE:

WHERE WE WERE:

NAME:

DATE: / /

AGE:

WHERE WE WERE:

NAME:

DATE: / /

AGE:

WHERE WE WERE:

NAME:

DATE: / /

AGE:

WHERE WE WERE:

NAME:

DATE: ___ / ___ / ___

AGE:

WHERE WE WERE:

NAME:

DATE: ___ / ___ / ___

AGE:

WHERE WE WERE:

NAME:

DATE: ___ / ___ / ___

AGE:

WHERE WE WERE:

NAME: _____ DATE: ___/___/___

AGE: ___ WHERE WE WERE: _____

_____
_____
_____
_____
_____
_____

_____
_____
_____
_____
_____
_____
_____

NAME: _____ DATE: ___/___/___

AGE: ___ WHERE WE WERE: _____

NAME:

DATE: / /

AGE:

WHERE WE WERE:

NAME: DATE: / /

AGE: WHERE WE WERE:

_____

_____

_____

_____

_____

_____

_____

_____

NAME: DATE: / /

AGE: WHERE WE WERE:

_____

_____

_____

_____

_____

_____

_____

_____

NAME:

DATE: / /

AGE:

WHERE WE WERE:

NAME:

DATE: / /

AGE:

WHERE WE WERE:

NAME:

DATE: / /

AGE:

WHERE WE WERE:

NAME: DATE: /   /

AGE: WHERE WE WERE:

_____

_____

_____

_____

_____

_____

_____

NAME: DATE: /   /

AGE: WHERE WE WERE:

_____

_____

_____

_____

_____

_____

_____

NAME:

DATE: /   /

AGE:

WHERE WE WERE:

NAME:
DATE: / /
AGE:
WHERE WE WERE:

NAME:
DATE: / /
AGE:
WHERE WE WERE:

NAME:
DATE: / /
AGE:
WHERE WE WERE:

NAME:

DATE: / /

AGE:

WHERE WE WERE:

NAME:

DATE: / /

AGE:

WHERE WE WERE:

NAME:

DATE: / /

AGE:

WHERE WE WERE:

NAME:
DATE: / /
AGE:
WHERE WE WERE:

NAME:
DATE: / /
AGE:
WHERE WE WERE:

NAME:
DATE: / /
AGE:
WHERE WE WERE:

NAME:

DATE: /   /

AGE:

WHERE WE WERE:

NAME: DATE: / /

AGE: WHERE WE WERE:

_____
_____
_____
_____
_____
_____
_____
_____

NAME: DATE: / /

AGE: WHERE WE WERE:

_____
_____
_____
_____
_____
_____
_____
_____

NAME:

DATE: / /

AGE:

WHERE WE WERE:

NAME:

DATE: / /

AGE:

WHERE WE WERE:

NAME:

DATE: / /

AGE:

WHERE WE WERE:

NAME:
DATE: / /
AGE:
WHERE WE WERE:

NAME:
DATE: / /
AGE:
WHERE WE WERE:

NAME:
DATE: / /
AGE:
WHERE WE WERE:

NAME: _____ DATE: ___/___/___

AGE: ____ WHERE WE WERE: _____

_____
_____
_____
_____
_____
_____
_____

NAME: _____ DATE: ___/___/___

AGE: ____ WHERE WE WERE: _____

_____
_____
_____
_____
_____
_____
_____

NAME:

DATE: /   /

AGE:

WHERE WE WERE:

NAME:

DATE: / /

AGE:

WHERE WE WERE:

NAME:

DATE: / /

AGE:

WHERE WE WERE:

NAME:

DATE: / /

AGE:

WHERE WE WERE:

NAME:

DATE: / /

AGE:

WHERE WE WERE:

NAME:

DATE: / /

AGE:

WHERE WE WERE:

NAME:

DATE: / /

AGE:

WHERE WE WERE:

_____
_____
_____
_____

_____

_____

_____
_____
_____
_____
_____

NAME:
DATE: / /
AGE:
WHERE WE WERE:

NAME: _____ DATE: _____ / _____ / _____

AGE: _____ WHERE WE WERE: _____

_____

_____

_____

_____

_____

_____

_____

NAME: _____ DATE: _____ / _____ / _____

AGE: _____ WHERE WE WERE: _____

_____

_____

_____

_____

_____

_____

_____